FRAGMENTS
D'HISTOIRE LOCALE

CONTEMPORAINE

Par D. CHAIGNEAU

(Edition unique)

PRIX : 0.75 Centimes

VILLENEUVE-SUR-LOT
—
MCMXIII

FRAGMENTS
D'HISTOIRE LOCALE
CONTEMPORAINE

Par D. CHAIGNEAU

(Edition unique)

PRIX : 0.75 CENTIMES

VILLENEUVE-SUR-LOT

MCMXIII

PRÉFACE

En écrivant ce livre nous n'avons aucune prétention au titre d'écrivain ou d'historien ; notre savoir est trop modeste pour exprimer clairement notre pensée, et les connaissances indispensables à l'historien nous font totalement défaut.

A quel mobile avons-nous donc obéi en rompant le silence ? Notre qualité d'ancien élève de l'Ecole Marres, nous a fait un devoir de faire connaître au lecteur un des membres de cette vénérable famille d'instituteurs, que l'abbé Dubourg présente d'une façon sinon malveillante, du moins désobligeante, dans son histoire de Damazan.

Mais nous avons pensé que cette controverse, par trop personnelle, ne devait pas retenir toute notre attention ; aussi, nous nous sommes efforcé de recueillir çà et là, quelques considérations et quelques documents se rattachant à la vie de notre cité, que nous avons l'honneur de vous présenter. Nous serons heureux si leur lecture vous aura été agréable et surtout si elle a pu vous intéresser.

D. C.

I

La Royauté et le Peuple avant la Révolution

Avant d'écrire les quelques faits historiques qui intéressent, notre cité, il nous paraît utile de rappeler succinctement au lecteur ce qu'était la France à la veille de la Révolution de 1789.

LE ROI ET SA COUR

Bien que la résidence royale fut officiellement assignée à Paris, le roi habitait plus fréquemment le palais de Versailles où sa cour était définitivement installée. Il avait à sa charge sa maison civile et sa maison militaire ; la première ne comptait pas moins de 4000 personnes et la seconde se composait d'un effectif de 9000 hommes.

A la maison civile de la cour du roi venaient s'ajouter les maisons particulières de toute la famille royale qui ensemble atteignaient le chiffre de 3000 personnes, seule la maison de la reine en avait 500, et la fille aînée du roi, alors qu'elle avait à peine 2 ans, comptait une suite de 80 personnes.

Les écuries du roi se composaient de 1900 chevaux et de 200 voitures, qui coûtaient annuellement 7.700.000 livres soit près de 20 millions de francs de notre monnaie actuelle. La Bouche du Roi, c'est ainsi que l'on désignait la table qui était fournie gratuitement aux personnages de la cour du roi et aux serviteurs de toutes catégories, s'élevait à sept millions de francs.

Les dépenses de cette cour somptueuse atteignaient pour l'année 1789, la somme énorme de 33 millions de livres, soit près de 83 millions de francs. A ce chiffre il convient d'ajouter les dons et cadeaux à la famille royale et aux puissants de la cour, qui s'élevèrent pour la période de 1774 à 1789, à 228 millions de livres, soit 570 millions de francs. C'est en constatant ces dépenses exagérées que d'Argenson disait : « La Cour est le tombeau de la Nation ».

LE PEUPLE

A ce luxe et à ces dépenses désordonnées comparons maintenant la situation du peuple.

Depuis le treizième siècle jusqu'en 1789, la nation comprenait trois ordres bien distincts : le Clergé, la Noblesse et le Tiers-Etat. Les deux premiers ordres étaient privilégiés de même que la majeure partie de la bourgeoisie, qui faisait partie du Tiers-Etat. Seule, la masse laborieuse du peuple, les ouvriers et les paysans, n'était pas privilégiée.

En 1789, la population de la France se composait savoir : Clergé 130.000 membres, Noblesse 140.000, Bourgeoisie 700.000 et le restant du peuple, artisans, ouvriers et paysans 24 millions, soit au total 25 millions environ d'habitants.

Le Clergé possédait à lui seul le cinquième du territoire de la France, ses biens, terres et immeubles, étaient évalués à trois milliards. Cette fortune considérable rapportait annuellement 80 millions ; le produit de la dîme et les droits féodaux sur les terres d'Eglise atteignaient 130 millions, soit au total 210 millions de revenus. D'après cela on peut conclure que le Clergé était la catégorie la plus riche et partant la plus puissante.

Les paysans qui composaient les neuf dixièmes de la population vivaient du travail de la terre, parmi eux on comptait encore un million de serfs. Toutes les charges publiques retombaient sur le paysan qui payait au roi, pour les impôts 55 0/0 de son revenu, 10 0/0 au Clergé, et, en outre, des droits féodaux de toute sorte dont les plus onéreux étaient le champart et les banalités.

Le champart prélevé par les seigneurs sur les récoltes était l'équivalent de la dîme. On désignait sous le nom de banalités les taxes perçues pour l'usage du four, du moulin et du pressoir seigneurial. La gabelle, impôt sur le sel, venait encore accroître les charges du paysan auquel il ne restait plus, pour vivre et pour faire vivre les siens, que le cinquième du produit de son labeur. Aussi, l'expression de Richelieu, qui appelait le paysan « le mulet de l'Etat », était surtout justi-fiée à la veille de la Révolution.

Si à cet état d'infériorité sociale on ajoute que la récolte de l'année 1788 fut nulle et que l'hiver de 1788-1789 fut excessivement rigoureux, on aura un aperçu de la misère du peuple. Dans certaines provinces, la famine se fit sentir et le pain se vendit jusqu'à 1 franc la livre.

L'heure avait sonné et la Révolution fut l'élan irré-sistible du peuple cherchant un remède à ses souf-frances (1).

____

(1) D'après des doouments puisés à l'Histoire de France d'Albert Malet.

II

La Révolution

Notre tâche serait trop élevée si nous prétendions, ici, commenter les évènements de cette période qui changea l'état social de la France. « Date fatidique », écrivent certains historiens. Fils de la Révolution, ayons une conception plus hardie de l'œuvre de rénovation accomplie par nos aïeux.

Mais puisque nous écrivons à grands traits quelques faits se rapportant à notre cité, nous nous bornerons à énumérer les réformes qui amenèrent un changement dans les mœurs et les coutumes des habitants.

Sous la poussée du mécontentement du peuple, Louis XVI convoqua le 5 Mai 1789, les Etats Généraux, qui prirent le titre d'Assemblée Constituante. L'Assemblée Constituante élabora une Constitution et se sépara le 30 Septembre 1791.

L'Assemblée Législative élue en vertu de cette Constitution, présida aux destinées de la France jusqu'à la victoire de Valmy, fit place à la Convention Nationale qui proclama la République le 21 Septembre 1792.

La Convention Nationale, pendant laquelle s'accomplirent les phases les plus troublées de la période révolutionnaire, se sépara le 26 octobre 1795, après avoir voté la Constitution républicaine de l'an III.

Voici l'analyse de quelques documents puisés sur les registres communaux se rapportant à ces diverses périodes :

1789, 29 Août. — Décret sur la libre circulation des grains et farines dans le royaume.

23 Septembre. — Abolition de la gabelle.

29 Septembre. — Abolition du droit de franc fief.

3 Octobre. — Décrets sur les prêts d'argent, stipulation d'intérêt suivant le taux fixé pour la loi.

8 et 9 Octobre. — Réformation de la jurisprudence criminelle.

28 Octobre. — Décret sur la suspension des vœux monastiques.

27 Novembre. — Décret prescrivant qu'il ne sera plus permis aux agents de l'Administration, de rien recevoir à titre d'étrennes, gratifications, vin de ville, ou sous quelque autre dénomination que ce soit.

Décembre. — Décret concernant les Municipalités Décret sur l'admission des non catholiques dans l'Administration et les emplois civils et militaires. Décret portant que les Juifs connus en France sous le nom de Juifs Portugais, Espagnols et Auvergnats y jouiront des droits de citoyens actifs.

1790. 4 Mars. — Décret ordonnant la division de la France en 89 départements.

16 avril. — Décret concernant la protection des Juifs.

23 Avril. — Décret concernant l'abolition de la dîme.

1791. 13 Septembre. — Le Conseil municipal décrète que l'usage pratiqué de sonner les cloches à toute volée, pour là sépulture des personnes ayant appartenu à la noblesse ou ayant occupé des charges publiques, serait supprimé.

Il serait trop long de citer l'analyse des actes figurant sur les registres municipaux, mais nous ne saurions passer sous silence les réformes les plus importantes de la Révolution : la Déclaration des Droits de l'Homme, la suppression du droit d'aînesse, la liberté du travail, les réformes judiciaires et ecclésiastiques, l'institution du Grand Livre de la dette publique, la création des écoles primaires, de l'école polytechnique, du Conservatoire de musique et de l'école de médecine et, enfin, la belle institution du système décimal des poids et mesures.

Pendant que la Révolution accomplissait sa lourde tâche à l'intérieur, elle eut à faire face aux armées de l'Europe coalisées contre la France ; mais la valeur des jeunes troupes républicaines, composées en majeure partie de volontaires, animés du patriotisme le plus pur, assura partout la victoire, et chassa les envahisseurs au-delà des frontières.

III

Un Soldat de la première République

Ceux qui habitaient la paisible cité Damazanaise, vers l'année 1860, ont encore présent à la mémoire la physionomie du vieux sans-culotte que nous allons présenter au lecteur.

Dans la rue de Saint-Pé, pendant les soirées d'été, on pouvait remarquer un vieillard à l'aspect étrange dont l'ensemble contrastait singulièrement avec les mœurs de ses compatriotes.

Cet homme, à la figure sévère, portait en sautoir un vieux briquet de combat. Assis tranquillement sur un modeste fauteuil, il présidait aux ébats des petits enfants qui aimaient à jouer autour de lui. Ces joyeux bambins avaient seuls le secret de provoquer son sourire.

Le vieux soldat qui avait couru la plupart des champs de bataille de la première République, était criblé de blessures. Sa poitrine portait de nombreuses cicatrices; le bras droit, fracturé en plusieurs endroits, pendait inerte le long du corps. Son crâne, fendu par un coup de sabre, laissait voir une grande cicatrice ; la peau qui reliait les deux parties du crâne se soulevait à chaque pulsation du cœur.

Ce vieil invalide était doublé d'un mécréant. Sa

jeunesse s'étant écoulée dans les camps et sur les champs de bataille, il avait en horreur cette horde d'émigrés qui n'avaient pas hésité à fuir vers l'étranger pour susciter des ennemis à la mère-patrie, croyant ainsi conserver et protéger la royauté, source de leur noblesse et de leurs privilèges.

Ses idées de libre-penseur et de républicain le privèrent de l'étoile des braves, récompense que méritaient ses brillants états de services.

Nous ne pouvons citer ici tous les faits de bravoure du citoyen « Champagne » — nom que lui avaient donné ses frères d'armes —, mais ses nombreuses blessures, dix-sept, prouvent qu'il prit part à de nombreux combats.

Toutefois, si nous consultons les registres de la commune de Damazan, nous y trouvons le fait d'armes suivant :

Armée d'Allemagne

16me DEMI-BRIGADE D'INFANTERIE LÉGÈRE

Nous Officiers, Sous-Officiers et Chasseurs de la 21me Compagnie, ci-devant la 23me de la dite demi-brigade, certifions à tous ceux qu'il appartiendra, que le citoyen Jean Laborde, Caporal à la dite Compagnie, natif de Damazan (Lot-et-Garonne), a servi au dit Corps depuis le commencement de la guerre ; s'est trouvé à toutes les affaires de la demi-brigade ; a combattu et s'est distingué par sa discipline, son patriotisme et par sa bravoure qu'il a constamment montré et, notamment, à l'affaire du 25 messidor de l'an II où il fut le premier qui entra dans une forte batterie de l'ennemi, tua les deux derniers canonniers qui allaient mettre le feu à deux pièces de canon chargées à mitraille et dirigés sur une colonne d'infanterie qui marchait sur le front de la redoute ; il tua le premier de son coup de fusil et le second d'un coup de bayonnette.

Le susdit Laborde a toujours continué à mériter l'estime de ses chefs et de ses camarades jusqu'au 18 thermidor de l'an IV où il fut fait prisonnier après avoir reçu plusieurs blessures qui l'ont mis hors d'état de continuer son service, ce qui l'obligea de prendre son congé de retraite aussitôt sa rentrée en France, ne pouvant plus servir sa patrie à cause de ses blessures, ce qui lui donne des droits à la reconnaissance Nationale.

C'est en foi de quoi, nous lui avons délivré le présent certificat pour lui servir et valoir ce que de raison.

Fait au camp des Jardins de la Kentzig, le 7 Brumaire de l'an VI de la République Française une et indivisible.

(Suivent les signatures des officiers, sous-officiers et chasseurs de la 21ᵉ cⁱᵉ et des officiers supérieurs et généraux de la 16ᵉ 1/2 brigade).

Pour extrait conforme ;

Le Maire de la commune de Damazan,
DE LA RUFFIE.

IV

De 1800 à 1848

Nous passons sous silence le premier Empire. La grandiose chevauchée Napoléonienne parcourant l'Europe et pénétrant parfois en Asie et en Afrique a ébloui le monde entier.

A la fin de cette épopée militaire la France diminuée et épuisée, ayant semé les champs de batailles des cadavres de ses valeureux enfants, ne désira plus que les bienfaits de la paix.

Sous le premier Empire les partis politiques de l'opposition furent contraints au silence par la menace de sévères répressions, aussi lorsque ce règne disparut les dissensions politiques recommencèrent et les deux grands partis de l'époque libéraux et royalistes allaient se disputer le pouvoir.

Sous Louis Philippe les idées libérales s'accentuèrent et firent de rapides progrès. Le mot de République était souvent prononcé dans les conversations et un vent d'hérésie sévissait sur la cité.

En 1845, les directeurs politiques de la ville, voyant leur autorité compromise, firent appel, pour maintenir leur prestige menacé, à un prêtre, jeune, autoritaire, ultramontain et combattif; c'est ainsi que nous présentons à nos lecteurs le noble et puissant abbé de Vivie.

Les incidents de la lutte sociale et religieuse vont se précipiter à Damazan et deux volontés inébranlables vont se heurter. D'un côté, un prêtre défenseur dévoué du trône et de l'autel ; de l'autre, un instituteur, apôtre laïque et républicain convaincu.

Le prêtre, puissant, doué d'une grande énergie, fut utilement secondé par le Conseil municipal d'alors, composé de bourgeois à tendances royalistes ou bonapartistes, sauf le populaire docteur Feuillerade qui était républicain. Il imposa bientôt son autorité aux élus politiques et devint l'inspirateur de tous les actes municipaux ; il fut à lui seul, maire, conseiller d'arrondissement et conseiller général.

V

La famille Marres

Avant d'aller plus loin dans le détail des faits, il est utile de présenter au lecteur, s'il ne la connaît déjà, la vénérable famille Marres qui, en la personne de Paul Marres, suscita l'ennemi politique et personnel de l'abbé de Vivie.

La famille Marres est originaire de Florence (Italie). Une branche de cette famille vint s'installer en Guyenne. Elle était fort nombreuse (1)

Un Marres vint se marier à Nérac, et, avant la Révolution, un de ses fils se maria à Buzet. C'est ce dernier qui créa la famille qui nous intéresse dans ce récit. Il eut quatre ou cinq enfants. Un de ses frères, Benjamin Marres, était lieutenant à l'armée de Sambre-et-Meuse. Il revint à Buzet avec un bras de moins.

Antoine Marres était le troisième de la famille. Son père était un érudit qui correspondait avec Monge, de l'Institut. Il avait joué un rôle politique assez important et avait été délégué du Gouvernement dans la

____

(1) Le nom de la famille était Marezzi dont on a fait Marrez ou Marrès et plus tard Marres. Antoine Marres affirmait que son grand-père Marezzi était d'une famille d'origine italienne qui était venue se fixer en France avec Marie de Médicis. Il avait vu chez son père les documents authentiques à ce sujet.

région. C'était sous la Convention. Devenu aveugle à l'âge de 54 ans, il mourut relativement jeune et laissa sa femme veuve avec trois enfants. Il avait commencé le cadastre de la commune de Buzet, lorsque la mort vint le surprendre.

L'aîné peu instruit, eut la meilleure part de la succession et la bibliothèque précieuse du père, bibliothèque dont il se débarrassa· chez le chiffonnier. Les études du père, ses travaux, sa correspondance, tout disparut.

Antoine Marres, né en 1801, fut envoyé au Séminaire ; il ne voulut et ne put y rester longtemps. Son esprit indépendant le poussait à d'autres destinées. Il se fit recevoir instituteur et épousa, à Damazan, Mlle Jolles Irène, fille de M. Jolles, vétérinaire, maître d'école et directeur d'un pensionnat (collège), à Damazan. Il habita avec son beau père qui était propriétaire du château, monument qui est devenu plus tard le logement des employés du Magasin des Tabacs, lorsque cet immeuble fut vendu à l'Etat.

M. Jolles professait des idées libérales. Ayant vécu la période révolutionnaire, il était républicain. Il était originaire de Lamothe-Landeron et issu d'une famille poitevine. Il se maria avec une demoiselle Pébereau ; il était parent par alliance avec M. Garros, beau-père de M. Péclavé. Il représentait le parti libéral et était Voltairien.

Il obtint, sous Louis XVIII, une médaille d'argent. Antoine Marres, son gendre, obtint une médaille de bronze sous Louis-Philippe, pour services rendus à l'instruction publique.

Antoine Marres eut un fils, Paul Marres, qui fut envoyé à l'Ecole Normale d'Agen, d'où il sortit avec un des meilleurs numéros et son brevet supérieur. Il prit en 1848 la succession de son père à la direction de l'école communale.

Paul Marres se maria en 1851 avec Mlle Bizat, fille du secrétaire de la Mairie, lequel possédait la maison sous les Cornières (actuellement maison Bonnemaure).

Paul Marres eut un fils portant le même prénom de Paul, qui est actuellement instituteur à la Maison pénitentiaire d'Aniane.

Paul Marres a également un fils unique qui prépare aujourd'hui, à la Faculté de Montpellier, les examens pour l'obtention de la licence-lettres (Histoire et Géographie).

De la famille Marres Antoine, il n'existe plus que les deux derniers membres cités plus haut.

VI

L'Instituteur et le Prêtre

En 1848, le fils Marres, Paul, sortait de l'Ecole Normale d'Agen avec un des premiers numéros et devenait le collaborateur de son père, Antoine Marres, directeur de l'Ecole communale de Damazan.

Ardemment épris des idées nouvelles de Liberté, il allait pouvoir donner un enseignement nouveau, basé sur des méthodes pratiques et rationnelles. Doué d'une façon spéciale pour donner l'instruction, il songea à élever l'enseignement communal jusqu'au degré supérieur. A toutes ces nobles qualités, il faut joindre une naïve inexpérience des choses de la vie, et, croyant à cette époque de suspicion que la franchise et la sincérité des convictions pouvaient s'exprimer ·en public, il allait être victime de sa loyauté et attirer sur sa tête la haine de ses ennemis.

Bientôt, du haut de la chaire paroissiale, tombèrent des paroles d'anathème ; le prêtre dénonça à ses ouailles les théories nouvelles de l'instituteur et le livra à la vindicte publique. Croyant détenir le monopole du principe de vérité, il dédaignait les idées nouvelles comme offensantes pour la religion et il chercha à éloigner ce jeune propagateur de l'école moderne. Une occasion favorable allait s'offrir pour arriver à ses fins. Ce fut l'œuvre de l'Empire.

Le Club

La liberté sous la deuxième République, à Damazan, était loin d'être complète. Le Conseil Municipal se composait, comme nous l'avons déjà dit, des pires ennemis de la République. Les Conseillers avaient bien prêté le serment exigé par la nouvelle Constitution, mais dans le simple but de conserver la direction politique de la commune.

Pendant cette période troublée, les Républicains étaient considérés comme suspects et obligés de se surveiller dans leurs faits et gestes. Pour se tenir au courant des évènements politiques, ils se réunissaient secrètement dans des maisons particulières. Les gens bien pensants désignaient ces réunions sous le nom de Clubs révolutionnaires.

Un des clubs les plus fréquentés de la région avait son siège à Baloux, chez M. Paul Mantz. Chez lui se réunissaient les chefs du parti républicain et socialiste les plus assidus aux réunions étaient les citoyens : Labarrure, pharmacien à Buzet ; Escalup, alors Maire de Bruch ; Pouzergues, de Xaintrailles ; Darnospil, de Nérac et les militants de Damazan dont le chef était M. Paul Marres.

Le mot d'ordre arrivait de Paris par l'intermédiaire du citoyen Paul Mantz, qui prétextait de nombreuses visites à sa mère habitant, alors, le domaine de Baloux.

Beaucoup de nos concitoyens ignorent ce détail historique de notre cité, qui a été confirmé par des écrits authentiques conservés par la famille d'un militant de l'époque.

Ce qui prouve la vérité de notre information, c'est que l'histoire de Damazan écrite par l'abbé Dubourg passe sous silence les familles qui se sont succédées à Baloux, et ne fait pas mention de ce domaine qui paraît avoir une importance égale au domaine de Bagnauque dont il est longuement parlé dans l'ouvrage cité plus haut. Un motif de cette omission pourrait être aussi la qualité des bourgeois de Baloux qui appartenaient au culte protestant.

La Révocation

La campagne dirigée contre le jeune instituteur, aux idées laïques, fit de rapides progrès ; le principal grief que l'on lui reprochait est dépeint admirablement dans l'histoire de l'abbé Dubourg et ce serait en diminuer la portée que de le passer sous silence.

Voici la citation : « L'instituteur qui dirigeait l'école « communale était jeune et ardent, et, cédant autant « aux insinuations du Ministre de l'Instruction publi- « que d'alors qu'à sa propre ambition, il se jeta au « milieu de l'agitation politique avec une ardeur « effrénée. »

Nous lisons un peu plus loin dans le même ouvrage :

« L'abbé de Vivie vit son œuvre de régénération « religieuse compromise et ruinée définitivement, s'il « n'était apporté un remède et un obstacle à cette pro- « pagande de doctrines subversives de tout ordre et « de toute autorité. »

Ce précieux aveu de l'abbé Dubourg nous dépeint fidèlement l'œuvre de domination poursuivie méthodiquement par le Clergé, avec une persévérante ténacité.

Les élèves qui ont fréquenté l'école Marres, se plairont à témoigner que ce n'était pas une école sans Dieu. Un grand crucifix était fixé à l'un des murs de la salle ; à chaque séance de classe, à un signal du maître, les élèves s'agenouillaient et la prière était dite à haute voix par l'un d'eux. Le vénérable Antoine Marres se signait toujours, lorsqu'il pénétrait dans son école, et ses récréations étaient en partie consacrées à la prière ; il enseignait l'Histoire Sainte. A cette école, on lisait le Psautier de David, on envoyait les élèves au caté-chisme pendant les séances de classe. Paul Marres surveillait ses élèves à tous les offices religieux du dimanche et des fêtes. A ce sujet, disons que la place qui lui était réservée dans un fond obscur de l'église, ne permettait pas aux élèves de suivre les offices, tandis que le chœur de la chapelle, voisine du maître autel, était réservée aux élèves de l'école communale. Est-ce cet enseignement qui portait ombrage à l'abbé de Vivie ?

On peut donc conclure que la tactique et les plaintes du Clergé sont parfois contraires, mais le but qu'ils poursuivent est immuable : rester les maîtres de l'école. De nos jours, ils sapent l'Ecole sans Dieu ; en 1852, ils stigmatisaient l'Ecole avec Dieu ; cela revient à dire que l'idée de Dieu, qui devrait être leur princi-pale préoccupation, n'est plus qu'un vulgaire qualifi-catif de l'Ecole, suivant qu'il contrarie ou favorise leur désir.

Céder aux insinuations du Ministre de l'Instruction publique et méconnaître l'autorité du curé de Vivie, était le crime dont Paul Marres s'était rendu coupable.

L'expiation d'une si belle attitude, ne se fit pas atten-dre. L'instituteur, cause de tout le mal, fut discrédité auprès de la population, et le curé, profitant de son autorité sur les membres du Conseil Municipal, fit révoquer l'instituteur. Le 1er mars 1850, M Laville, que M. de Vivie avait déjà installé comme instituteur public, fut agréé par le Conseil Municipal et nommé en remplacement de Paul Marres.

Vainqueur de son ennemi, le prêtre accaparait l'école ; il ne lui restait plus, désormais, que le désir d'anéantir complètement sa victime.

L'Exil

Si dans beaucoup de communes de France, la République était représentée par des Municipalités aussi hostiles aux principes républicains qu'à Damazan, il ne faut pas s'étonner que l'Empire ait pu réapparaître sitôt. En effet, il semble étrange dans cette localité, qu'on ait pu, sous la deuxième République, faire révoquer un instituteur fermement républicain et le remplacer par un de ses collègues ayant des aptitudes professionnelles inférieures aux siennes, sous le prétexte que le curé l'avait indiqué aux membres du Conseil Municipal, comme étant doué d'un caractère ferme et en outre bon chrétien.

On est donc autorisé à dire que, dans la localité qui nous intéresse, la République de 1848 n'a existé que de nom. Les républicains suspectés sous la République furent pourchassés à l'avènement du second Empire.

Décembre 1851 arrive, l'Empire renaît d'un coup de force et alors commence une période de répression inexorable. Les Commissions mixtes sont organisées à la hâte et les prisons, forteresses, pontons et bagnes regorgent de républicains. Notre cité, foyer ardent de l'idée de liberté, voit appréhender les plus sympathiques défenseurs du peuple ; c'est le règne de la terreur, de la souffrance et de l'exil.

Nous oublions de dire qu'après avoir été révoqué, Paul Marres ouvrit une école libre, mais la campagne commencée contre son enseignement avait porté ses fruits et sa classe fut peu à peu désertée par les élèves. Non seulement le fils Marres était inquiété, mais le vieil instituteur, le digne Antoine Marres était persécuté à son tour. Déféré devant le tribunal correctionnel de Nérac, il eut à se laver de toutes les calomnies et de toutes les injures accumulées par ses ennemis : l'abbé de Vivie et consorts. Le président du tribunal de l'époque, M. Lèbe, digne magistrat, comprit bien vite la besogne à laquelle on le conviait. N'écoutant que sa conscience, il renvoya Antoine Marres en lui disant : « Je constate avec plaisir que vous êtes un honnête homme et que la calomnie ne peut vous atteindre.

Peu après, le fils Paul Marres, dénoncé comme faisant partie de sociétés secrètes, et dangereux à tous égards, se vit appréhendé le 25 janvier 1852 ; les gendarmes se présentèrent au château au moment où la famille Marres prenait son repas, et, munis d'un mandat d'arrêt, ils signifièrent au jeune conspirateur l'ordre de les suivre. Après avoir calmé, par son impassibilité, la douleur occasionnée par cette mise en scène, Paul Marres dit au brigadier de lui laisser terminer son repas et promit d'aller se constituer prisonnier.

Après des adieux déchirants à sa jeune femme qui allait bientôt être mère, et à toute la famille, le jeune proscrit, accompagné de son vénérable père, se rendit à la gendarmerie où vinrent le rejoindre plusieurs coréligionnaires de Damazan, coupables comme lui de trop aimer la liberté.

Le lendemain, les gendarmes le conduisirent à Nérac. De là, après un interrogatoire sommaire, il fut envoyé à Agen pour passer devant la Commission mixte dont faisait partie le Conseiller à la Cour d'Appel Sarramia, cousin de Ducomet.

Il fut condamné sans qu'il lui fut permis de se défendre (pas d'avocat), à la déportation à vie. Trois jours après, on le dirigeait sur Bordeaux et Blaye où on l'enferma dans les casemates de la citadelle, en compagnie d'une centaine d'autres malheureux comme lui. Cette fournée était destinée à Cayenne. Quand la marée était haute, l'eau pénétrait dans les locaux où étaient parqués les insurgés. Pour se coucher ils étaient obligés de se placer sur des malles ou sur des tas de paille pourrie.

Huit ou dix jours après, la frégate l'Isly qui croisait à l'embouchure du fleuve, appareilla pour embarquer des pièces de bois numérotées pour construire des barraquements à Cayenne, mais la veille du départ, pendant la nuit, le feu fut mis à ces madriers et à ces voliges et le commandant reçut l'ordre peu après d'embarquer les insurgés pour l'Algérie.

Les déportés furent débarqués à Alger et dirigés sur Lambessa, mais deux jours après survint un contre ordre, ils furent de nouveau embarqués et dirigés sur Oran. De là, on les dispersa dans la province et la résidence de Mascara fut assignée à Paul Marres.

Citons les citoyens qui, comme Paul Marres, connurent toutes les souffrances de l'exil : Sciers, coiffeur, qui fut déporté à Mers el-Kébir, en compagnie de l'abbé Méric, curé de Monheurt ; Larbés, forgeron ; Pouydebat, maître d'hôtel. Citons également Labarrure, pharmacien à Buzet et Escalup, ancien maire de Bruch.

Paul Marres fut surveillé de très près pendant son exil, il lui était défendu d'exercer sa profession d'instituteur, et malgré les 50 francs que son père lui envoyait mensuellement, il fut obligé de faire toutes sortes de travaux pour subvenir à ses besoins.

Un beau jour, grâce à la bienveillante attention de M. de Villemor, de Monheurt, et de son beau-frère, le Général Bouscarrein, Gouverneur de Mascara, Paul Marres fut libéré et rentra en France avec ses amis d'exil Escalup et Labarrure.

Sa situation personnelle était perdue. A sa rentrée en France, il se trouva sous la surveillance de la police et semblable à un forçat, il lui fut délivré un passe-port jaune, pour aller d'une localité à une autre.

Ce n'est pas tout, durant l'exil du vaillant instituteur, sa famille eut à supporter toutes sortes de vexations. On montrait du doigt le père du déporté et on jetait de la boue à la jeune épouse et à l'enfant qu'elle portait dans ses bras, c'est ainsi que les gens bien-pensants pratiquaient la charité envers une famille éprouvée par la douleur.

Les premières années, après le retour d'exil, furent pénibles. Paul Marres aidait un peu son père, et il y avait sept personnes à faire vivre avec le pauvre salaire de l'instituteur. Ne pouvant plus lutter au grand jour l'ancien proscrit se consacra à l'étude et comme il savait enseigner, la population lui tint moins de rigueur et il fut bientôt appelé par toutes les grandes familles du pays pour donner des leçons particulières à la jeune bourgeoisie. Ce fut là sa réhabilitation et la condamnation de ses détracteurs.

C'est ainsi qu'il fut le précepteur d'une demoiselle des bourgeois résidant à Baignauque, de la sœur de M. Henri Courtois, de Mademoiselle et de M. Georges de Soulages, de Mademoiselle Cayrel, du fils du Sénateur Noubel qui était alors en pension chez M. l'abbé Jaffre, à Port de Pascau, du fils Marabail, de Frédéric de Selves, du commandant Brieusse, de M. Camus fils, des enfants de M. Combarieu, des fils du docteur Bacqué; de Mademoiselle Suzanne Dupuy, de Mademoiselle Bordes, de Mademoiselle Rosié, de Mademoiselle Baudis, des enfants du garde-magasin M. d'Orsay du fils Marot de Casteljaloux, etc., etc....

C'est pendant cette période que l'école Marres forma ses plus brillants élèves. Plusieurs de ceux-ci furent admis aux Ecoles des Arts et Métiers, sans avoir recours aux écoles spéciales, épargnant ainsi aux familles des dépenses très onéreuses.

Fidèles à leurs convictions, les instituteurs Marres ont inauguré, bien avant la lettre le principe de la laïcité, car nul n'ignore qu'un grand nombre d'élèves ont été instruits gratuitement par ces généreux maîtres. A l'école Marres l'instruction était donnée à tous également sans distinction d'origine, qu'ils fussent riches ou pauvres. C'est ainsi que plusieurs élèves ont pu occuper des situations très enviables qui ont changé la situation de leur famille.

A partir de cette époque la famille se releva un peu. Antoine Marres fut élu conseiller municipal vers la fin de l'Empire et conserva ses fonctions jusque vers 1880, sous la municipalité républicaine de M. Dupuy.

Paul Marres, est mort sur la brèche en 1888, sans que la République qu'il avait tant aimée et pour laquelle il avait tout donné l'eut rétabli dans ses fonctions ; suprême récompense qu'il envia les dernières années de sa carrière.

Quant à l'œuvre de cette noble famille d'instituteurs, qui ont prodigué l'enseignement, depuis le commencement du dernier siècle avec M. Jolles, jusqu'en 1888 avec Paul Marres, elle laissera des traces profondes dans la vie de notre cité. La philosophie de l'érudit

Antoine Marres et l'instruction moderne et laïque de Paul Marres ont inspiré toute une génération.

L'hommage le plus touchant et le plus flatteur pour la mémoire de ces hommes de bien se révèle au cimetière sous la forme d'un modeste monument qui borde l'allée centrale (1).

Grâce à l'initiative de M. Girou, en février 1908, eut lieu une réunion d'anciens élèves. Un comité composé de MM. Girou, ingénieur, Président ; Petit, négociant, adjoint au maire et Osmond Dubourg, instituteur, Vice-Présidents ; Chaigneau , Secrétaire-Trésorier ; Breton, Boudet Jules, Descomps Jules, Paul Lestrade, Josel Emile, Bourbon, membres, fut désigné et eut pour mission d'organiser une souscription parmi les anciens élèves, en vue de l'érection d'un monument.

La municipalité de Damazan voulut participer à cette œuvre de reconnaissance et concéda gratuitement l'emplacement nécessaire à l'érection du monument.

L'appel du Comité fut entendu et le monument dont nous sommes heureux de donner ci-après une reproduction artistique fut inauguré le 1er novembre 1908.

---

(1) Ce monument a été exécuté par le camarade Lalanne Paul, entrepreneur à Damazan.

MONUMENT ÉRIGÉ
A LA MÉMOIRE DES INSTITUTEURS **MARRES**
(CIMETIÈRE DE DAMAZAN)

VII

Le Seize Mai

Le Seize Mai 1877, 363 députés refusèrent leur con-
fiance au Ministère de Broglie désigné par Mac Mahon.
Ce refus eût pour conséquence la dissolution de la
Chambre des Députés et cette date fut le commencement d'une violente campagne, où la candidature
officielle, se manifesta de la façon la plus éhontée.

Damazan fut particulièrement troublé par cette
période. Le premier acte de représailles du parti réactionnaire fut la fermeture du café Loubière. Cet établissement, avait été signalé comme lieu de rendez-vous
politique, où le Gouvernement et la personne du Président Maréchal étaient fréquemment outragés. Les
républicains qui fréquentaient assidûment ce café privés
de leur lieu de réunion, se firent inscrire comme membres du cercle du Commerce qui se tenait au premier
étage du même café. Cette manœuvre n'eût pas un
long succès. Par arrêté préfectoral du 31 Août, le Cercle fut dissous et le citoyen Loubière qui tenait l'établissement le plus fréquenté et le plus prospère de la
localité, fut obligé de fermer ses portes pendant de
longs mois.

Cet acte arbitraire de l'autorité préfectorale, encou-
ragea le parti réactionnaire, et afin que ce parti put agir
librement pour mener la campagne électorale qui bat-

tait son plein, il ne lui restait plus qu'à usurper la direction des affaires communales. M. Dupuy, Maire à cet époque, entouré d'un Conseil Municipal fermement républicain (1), tenait en échec le parti réactionnaire et gênait ses manœuvres.

Un décret du 13 Septembre, vint plonger la commune dans la tristesse ; MM. Dupuy, Maire et Audhuy, Adjoint au Maire furent révoqués de leurs fonctions, et le Conseil Municipal fut dissous. Le même décret instituait une commission municipale, avec désignation de M. Osmin Vigneau, pour remplir les fonctions de Maire et M. Deynaud, pour remplir celles d'adjoint au Maire.

La direction de la commune tombait sous la tutelle du parti réactionnaire, et une période de répression sans merci allait commencer. Le vieux bonapartiste Laffargue, Commissaire de police inaugura un service de surveillance ridicule, étant donné le caractère paisible des habitants. A la nuit tombante, les gendarmes parcouraient les rues de la localité jusqu'à une heure fort avancée de la nuit, afin de disperser les groupes de citoyens, qui ne purent plus ainsi, causer librement. Cette surveillance exagérée, eût des résultats plutôt comiques, car souvent les bons plaisants abusèrent de la bonhomie de nos braves gendarmes, qui sentaient tout le ridicule de leur grotesque besogne.

Si cette période fut insupportable, elle nous procura la bonne fortune d'entendre la vibrante parole d'un jeune tribun, plein d'ardeur, d'enthousiasme et d'élo-

______

(1) Le conseil municipal se composait de MM. Dupuy, Maire, Audhuy, adjoint au maire, Arrivet, Marres Antoine, Fabre, Capdegelle, Pébereau, Baillet, Tauzin, Larbès, Lebrère, Bissières, Guiraud Rignac, Lixandre et Abadie, conseillers municipaux, 13 membres étaient républicains, les 3 autres étaient conservateurs.

quence. Ce vaillant des 363 se révélait déjà par la sincérité de ses convictions comme capable d'aspirer aux plus dignes destinées. Aujourd'hui, ce tribun, vieilli par une carrière politique des plus consciencieusement remplies, est devenu pendant 7 ans, l'hôte de l'Elysée. C'est notre illustre député que la France a élevé à la Présidence de la République. C'est notre vénéré Armand Fallières, que notre arrondissement est fier de posséder.

Avec un pareil chef, la pression et l'intimidation des adversaires furent vaines. Aux élections du 14 octobre 1877, la vaillante commune de Damazan, donna 324 suffrages à Armand Fallières, tandis que son concurrent, le réactionnaire Dolfus, n'en recueillait que 201.

Cette belle victoire, si âprement disputée, fut la fin de cette pénible période de terreur. Un arrêté préfectoral du 25 Décembre destituait MM. Vigneau et Deynaud de leurs fonctions et M. Dupuy et sa municipalité républicaine reprirent la direction des affaires communales. Depuis cette époque, la réaction vaincue n'a pu, malgré son vif désir et ses nombreuses tentatives, reconquérir l'Hôtel de Ville.

VIII

La ville de Damazan de la Révolution à nos Jours

En consultant le plan de la ville sur le cadastre qui a été établi vers 1830, on constate de grands changements. Les transformations principales de la ville ont été faites après la Révolution.

Au commencement du dernier siècle, la route principale qui desservait Damazan, partait du port de Pascau et se dirigeait vers Bayonne. Elle contournait le sud de la ville, suivait le chemin qui passe devant la fontaine et va aboutir à la maison Dauzon en passant derrière l'hôtel du Midi et les maisons Sciers, Picon, etc. De l'est de la ville à hauteur de la rue d'Aiguillon un chemin contournait les talus de la ville et allait aboutir à l'origine de la rue de St-Pé. Au droit de la promenade actuelle, ce chemin était bordé au Nord par une large allée, bordée de deux rangées d'ormeaux séculaires, qui servait de promenade. Un grand fossé qui avait son origine à l'emplacement actuel de l'école des garçons, se prolongeait jusqu'à l'endroit où s'élève le temple protestant, en suivant à peu près le côté intérieur du boulevard de la République.

A l'extrémité Est de la rue d'Aiguillon, on remarquait une porte d'où partait une rampe d'accès qui aboutisssait à la grande route ; il existait une autre porte à l'extrémité de la rue de Buzet (1).

L'ancienne halle n'occupait pas comme aujourd'hui la partie centrale de la place, elle était située vers l'angle formé par les maisons Labit et Pépin. Sur la place on remarquait une croix de pierre.

Le cimetière était adossé à l'église vers l'Est. De hautes murailles entouraient la ville, on en remarque encore quelques parties à l'est et au midi de la ville.

Vers 1810, le cimetière fut transféré hors de l'enceinte de la ville à l'emplacement qu'il occupe actuellement. L'ancien Hôtel-de-Ville disparut vers 1818 et fut reconstruit au centre de la place ; il a été restauré plusieurs fois depuis.

La fondation de l'Hospice remonte à une date assez ancienne, mais ce fut guère qu'après la Révolution qu'une Commission administrative fut nommée et que l'on put recueillir quelques malades (2).

Au sujet de cet établissement, nous tenons à citer la dévouée Mme Planté, née Lagardère, qui a commencé à prodiguer ses soins aux malades étant toute jeune, en secondant ses parents qui dirigeaient l'hospice. Elle assura elle-même la direction de cet établissement

---

(1) Sous la féodalité, la ville de Damazan était protégée par une enceinte fortifiée se composant de hautes murailles et de fossés extérieurs. Le plan de la ville affectait à peu près la forme d'un carré, dont un côté, celui situé au Midi, formait une ligne légèrement brisée et présentait par suite un angle sortant. A chaque angle du carré de hautes tours protégeaient la ville. Une ligne de remparts établie un peu en avant de la façade renforçait la défense dans la direction de la plaine. Enfin le Château-Comtal, (actuellement magasin des tabacs, logement de l'entreposeur et bureaux) solidement fortifié constituait la dernière résistance de la ville. Ce château était la résidence des Seigneurs de Damazan.

(2) Cet hospice était situé rue de Herrez.

jusqu'à l'âge de 77 ans. Titulaire d'une médaille de bronze délivrée par le Ministre de l'Intérieur, la mort vint la surprendre avant qu'elle eut reçu une récompense plus rémunératrice (prix Monthyon), pour laquelle elle était proposée.

Nous sommes heureux de pouvoir reproduire à ce sujet un article de nos grands régionaux, dédié à Mme Planté.

« …. La charité, chez les femmes surtout, a des
« trouvailles ingénieuses : elle prend des formes im-
« prévues, Mme Planté, née Lagardère, de Damazan
« (Lot-et-Garonne), avait été placée fort jeune à la
« tête de l'Hospice établi dans ce chef-lieu de canton.
« Les ressources de la charité locale étaient alors très
« restreintes, la Commission administrative s'étonnait
« de voir l'établissement suffire à peu près à toutes les
« nécessités. On eût l'explication du mystère lorsqu'on
« examina les comptes de plus près ; Mme Planté ne se
« contentait pas d'administrer l'Hospice : elle le sub-
« ventionnait. Elle comblait à ses dépens le déficit.
« A comprendre et à pratiquer de cette façon l'admi-
« nistration de l'assistance publique, elle a naturelle-
« ment écorné dans une forte proportion le petit patri-
« moine qu'elle possédait. »

En 1885, une généreuse bienfaitrice Mme veuve Capuran, acheta la maison d'école des demoiselles Dabos et y fit installer l'Hospice de la ville. Ce vaste établissement, grâce aux démarches de M. Dupouy, Maire et Conseiller Général du canton, a obtenu des dons du pari mutuel qui ont permis l'installation de tous les perfectionnements modernes.

En souvenir de cette généreuse bienfaitrice, cet établissement porte le nom de « Hospice Capuran. » Le souci de faire le bien aux pauvres ne s'est pas arrêté à cet acte charitable, Mme veuve Capuran a laissé à la commune son château et son vaste domaine de Cazela. Une sage administration de ces propriétés permet de venir en aide aux malheureux de la localité.

Le creusement du canal, fut commencé en 1832 et dura jusqu'à l'année 1846. Cet ouvrage important exigea la transformation complète des abords de la ville, le pont sur le canal et la superbe promenade du chemin de halage constituent un site superbe qui fait le charme des habitants et des touristes.

La déviation de la route de St-Come à Houeillès eût lieu à la même époque et la partie de la ville qu'elle contourne forme aujourd'hui une avenue très fréquentée.

En 1836, M. Abraham Henry, de Muges, maire de Damazan fit de nombreuses démarches pour que ses corréligionnaires puissent avoir un Temple. Ce monument fut construit en 1844 après avoir donné lieu à de violentes polémiques soulevées par le Conseil Municipal de l'époque et l'obstruction acharnée du curé de Vivie, qui ne pouvait se résoudre à voir s'installer dans la localité un Temple de la religion réformée.

L'église a subi d'importantes transformations intérieures, depuis 1850. L'ancien clocher, qui se composait d'une tour carrée surmontée d'un dôme, disparut vers 1867, pour faire place au clocher actuel.

La rue de l'église fut prolongée la même année et permit d'aboutir aux promenades.

La culture du tabac, prit une grande extension à partir de 1830, ce qui nécessita la construction d'un magasin qui s'augmenta en 1864 par l'adjonction des immeubles du vieux château. Vers 1890 de nouveaux immeubles furent acquis par l'Etat, et le Magasin des tabacs est devenu le groupe imposant des bâtiments que l'on peut voir aujourd'hui.

Les promenades actuelles furent construites en 1863. La belle école communale de filles, qui longe le côté Nord des promenades fut construite en 1885, d'après les plans de notre ami Lucien Girou, Ingénieur. L'école laïque des garçons qui se trouve à l'extrémité de la rue de St-Pé a subi de nombreuses transformations.

Et, enfin pour terminer, disons que les industries ont une tendance à se propager dans notre cité, si longtemps deshéritée. Grâce à l'activité de notre compatriote Rumeau une usine électrique donne la lumière à la ville et aux habitants. Une minoterie et une usine de conserves viennent d'être ouvertes récemment à l'exploitation, ce qui permet de donner du travail aux ouvriers de la localité (1).

Pour que notre chère cité n'ait rien à envier à ses voisines, la construction d'une adduction d'eau s'impose pour l'hygiène de la ville et l'alimentation facile des habitants. Espérons ce dernier sacrifice de nos édiles qui sont animés du désir de toujours bien faire dans l'intérêt de tous.

Nous croyons utile de compléter ce chapitre par le mouvement de la population de la ville depuis la Révolution à nos jours.

An VII.	2038 habitants.
1820	1336 —
1841	1789 —
1906	1464 —

(1) La minoterie est dûe à l'initiative de Théodore Carrère et l'usine de conserves a été créée par M. Castex, négociant en vins.

IX

La situation politique

***

Avant de terminer notre ouvrage, jetons un regard sur la politique locale, depuis la chute de l'Empire. En 1870, à la proclamation de la République. M. Osmin Vigneau qui était Maire depuis 1852, fut remplacé dans ses fonctions par M. Dupuy, le 24 octobre 1870. M. Dupuy exerça les fonctions de Maire jusqu'au 24 février 1874. M. Osmin Vigneau reprit les fonctions de Maire qu'il dut abandonner pour la 2e fois le 24 mai 1876.

Depuis le 24 mai 1876, M. Dupuy a conservé la direction des affaires municipales jusqu'à sa mort (17 mai 1900) sauf cependant, durant la période du 16 mai où il fut révoqué par arrêté préfectoral.

A la mort de M. Dupuy, M. Dupouy, fut élu Maire, il conserva ses fonctions jusqu'en 1908. Il fut remplacé à cette date par M. le Docteur Bacqué qui est resté Maire jusqu'en 1912. N'ayant pas sollicité le renouvellement de son mandat, M. Dupouy a été élu Maire pour la période de 1912 à 1916.

Les représentants de Damazan, soit à la députation, au Conseil Général et au Conseil d'Arrondissement, ont toujours obtenu une majorité républicaine, depuis 1876, on peut donc dire que l'esprit républicain est entré dans les mœurs des habitants et n'est plus contesté.

Il serait cependant imprudent de dire que le parti

d'opposition a complètement disparu. Examinons le dernier scrutin des élections municipales (6 mai 1912), nous voyons que le parti républicain compte environ 400 voix, divisé en deux fractions (radicaux et opportunistes) a peu près égales ; la réaction, qui depuis longtemps n'avait affronté le combat, présentait une liste qui recueillait à peine 60 suffrages environ.

Malgré cette infériorité numérique, le parti réactionnaire joue un grand rôle dans l'orientation politique de la localité. Profitant habilement de la division du parti républicain, il est l'arbitre de la situation et à chaque consultation électorale il fait élire le candidat de ces deux fractions qui lui agrée le plus.

En outre de cette importante influence, nous constatons que le parti réactionnaire est admirablement discipliné et qu'il connait mieux que quiconque les transfuges de son parti, qui, guidés par un intérêt quelconque, l'ont abandonné, mais qui reviendront à lui au premier signal où ils croiront que la politique leur reviendra favorable.

De plus, pour l'observateur avisé, la force du parti réactionnaire se révèle sous plusieurs aspects différents dans notre localité ; actuellement, utilement secondé par l'élément clérical, son principal but est de discréditer l'enseignement laïque pour pouvoir reconquérir la direction de l'école.

C'est donc vers cet idéal laïque que tous les véritables républicains doivent se grouper pour défendre l'espoir suprême de la République. Si la formule de l'apaisement doit être pratiquée utilement envers nos ennemis politiques pour leur faire accepter une République toujours plus généreuse, toujours plus équitable, n'oublions pas que cet apaisement deviendrait coupable si nous le prodiguions à un ennemi qui ne désarme jamais : le Cléricalisme.

TABLE DES MATIÈRES

Cette édition n'a été tirée qu'à 200 exemplaires.